ANACRÉON,

OU

L'AMOUR FUGITIF;

OPÉRA-BALLET EN DEUX ACTES;

Représenté sur le Théâtre de l'Opéra, le 4 Vendémiaire an XII.

Paroles de M. MÉNDOUZE.

Musique de M. CHERUBINI.

Ballet de M. GARDEL.

PERSONNAGES.

ANACRÉON. . . . . M. LAYS.

L'AMOUR. . . . . Mlle. HYMM.

CORINE . . . . Mme. BRANCHU.

PREMIÈRE ESCLAVE. . . . . . . Mlle. CHOLET.

DEUXIÈME ESCLAVE. . . . . . Mlle. PELET.

VÉNUS. . . . . Mme. JANNARD.

BATHILLE. . . . . M. ÉLOY.

GLYCÈRE . . . . Mlle. LACOMBE.

ATHANAIS *(Personnage chantant et dansant.)* Mme. GARDEL.

ESCLAVES MALES, *(Personnages muets.)*

TROUPE de CHANTEURS, DANSEURS, et JOUEURS D'INSTRUMENS, des deux Sexes.

La Scène est à Téos, ville d'Ionie.

PERSONNAGES DANSANS.

ACTE PREMIER.

ATHANAÏS. . . . . Mme. Gardel.

ESCLAVES.

Mlle. Coulon,

Mlles. Lily, Tellier, Laurence, Albedel, Proche, Almain.

ACTE SECOND.

UN BACCHUS. . . . . M. Vestris.

BACCHANTES.

Mlles. Louise, Millière, Delisle, Bigotini.

FAUNES.

MM. Justin, Petit, Rivière, Verneuil, Biquier, Muze, Joly,
Eve, Toussaint *aîné*, Liger, Bourdin, Anatole.

AUTRES BACCHANTES.

Mlles. Léon, Cornu, Déjuzet, Podevin, Buisson, Adélaïde
Deslauriers, Peullier, Marinette, Balaud, Sautiquet, Mélanie.

NYMPHES.

Mmes. Vestris, Félicité, Taglioni.

Mlles. Jacotot, Gabriel, Boilay, Eugénie, Leverd, Eulalie,
Rivière, Fanny, Florine, Jenny Petit, Athalie, Delphine.

ENFANS.

MM. Lemière, Bondet, Rosier, Toussaint *cadet*.
Mlles. Bégrand, Rosalie, Jacotot, Rosière.

ANACRÉON,

OU

L'AMOUR FUGITIF.

ACTE PREMIER.

La scène représente un vestibule simplement orné. Sur le devant, est la statue de l'Amour; celle de Bacchus est dans le fond sur la gauche. Un petit autel portatif est sur le premier plan de la scène.

SCÈNE PREMIÈRE.

Le jour est à son déclin.

CORINE, *seule.*

Elle tient à sa main des fleurs et des fruits.

D'Anacréon c'est aujourd'hui la fête ;
Mon cœur avec transport célèbre ce beau jour.
Ah ! puisse-t-il trouver, dans les jeux que j'apprête,
L'assurance de mon amour !

Aimable enfant dont la brûlante flamme
A pénétré mon cœur :
Egale son amour au trouble de mon ame,
Et remplis tous ses jours de joie et de bonheur !

A genoux.

A mes desirs, Amour, sois favorable ;

Fixe pour moi son esprit inconstant ;
Fais qu'Anacréon aime autant qu'il est aimable ;
Oui, que je sois aimée, et mon cœur est content.

Elle fait un sacrifice de fleurs et de fruits, et brûle l'encens.

SCÈNE II.

La scène s'éclaire à l'arrivée des deux Esclaves. Les Esclaves mâles muets qui les suivent portent des flambeaux, et allument les candelabres.

CORINE, DEUX JEUNES ESCLAVES.

PREMIÈRE ESCLAVE, *avec transport.*

Ah! Corine, que cette fête
Tardoit à mes desirs !

Aux Esclaves mâles.

Allez au lieu qu'on destine aux plaisirs;
Qu'à l'embellir chacun s'apprête.

CORINE.

Ornez de fleurs ce séjour enchanté.

PREMIÈRE ESCLAVE.

Donnez à chaque objet une grace nouvelle.

Quelques Esclaves mâles sortent.

CORINE, *en regardant la statue de l'Amour.*

De la couronne la plus belle,
Parons le Dieu qu'il a chanté.

Elle pose une couronne de fleurs sur la tête de l'Amour.

SECONDE ESCLAVE.

N'oublions pas d'embellir ce passage.

CORINE.

Par mille soins prouvons-lui notre hommage,
Qu'à chaque pas son cœur en soit flatté.

LES DEUX ESCLAVES *ensemble.*

Les Esclaves mâles restés s'occupent à poser des guirlandes par-tout.

Qu'Anacréon reconnoisse à mon zéle,
L'empressement d'une esclave fidelle,
Qui de lui plaire en tout fait sa félicité.

PREMIÈRE ESCLAVE.

Non, il n'est pas de mortel plus aimable.
Vient-il se mêler à nos jeux;
Toujours d'un souris gracieux
Il encourage une ronde agréable.

SECONDE ESCLAVE.

A la volupté de ses vers,
A ses transports dans une fête,
Diroit-on que cinquante hivers
Ont déjà pesé sur sa tête?

PREMIÈRE ESCLAVE.

Corine, redis-nous les couplets si charmans
Qu'il t'apprit l'autre jour...; tu chantes à merveille.

CORINE.

C'étoit son luth qui charmoit ton oreille,
Et non pas la douceur de mes foibles accens.

Jeunes filles aux regards doux,
N'ayez pas peur de ma vieillesse.

Autour de moi rassemblez-vous,
Je ne chante que la tendresse.

J'apprends à trouver le bonheur,
J'enseigne l'art d'en faire usage ;
Le secret est dans votre cœur,
Et la source au printemps de l'âge.

Entourez de fleurs et d'encens,
Le cercle étroit de votre vie.
Vous ne pouvez fixer le temps ;
Tâchez alors qu'il vous oublie.

Donnez le bel âge aux amours,
A Bacchus une heure d'ivresse ;
Donnez au plaisir tous les jours,
Et peu d'instans à la sagesse.

Jeunes filles, aux regards doux,
N'ayez pas peur de ma vieillesse ;
Autour de moi rassemblez-vous,
Je ne chante que la tendresse.

SCÈNE III.

Les précédentes, A T H A N A Ï S.

Athanaïs est suivie de plusieurs danseuses.

C O R I N E , *avec transport.*

Ah ! te voilà, charmante Athanaïs,
Je t'attendois avec impatience.

A T H A N A Ï S.

De mes talens le plus doux prix,
Est le plaisir que te fait ma présence.

CORINE.

CORINE.

Tu charmes l'Ionie et séduis tous les cœurs,
Par les pas élégans de ton aimable danse :
Tu me sembles un lys que le zéphir balance ;
On diroit à te voir que tu cours sur des fleurs.

ATHANAÏS.

Qu'exiges-tu de moi dans cette fête ?

CORINE.

C'est de t'unir à nous,
Pour enivrer des plaisirs les plus doux,
Anacréon.

ATHANAÏS.

Corine, je suis prête.
Faut-il peindre la volupté,
Et l'inviter à la plus douce ivresse ?

Elle danse un pas voluptueux.

Faut-il par ma légèreté
Exprimer l'allégresse ?

Elle danse un pas vif et léger.

Aimes-tu mieux Vénus pleurant sur Adonis ?

Elle exécute un pas analogue à cette situation triste.

Veux-tu qu'à ses regards surpris,
J'offre une nymphe et timide et craintive ?

Elle danse.

Veux-tu dans les forêts Eucharis fugitive ?

Elle parcourt le théâtre, et revient au milieu de la scène.

CORINE, *enthousiasmée.*

A ton art séducteur je ne puis qu'applaudir ;

Athanaïs, comment choisir ?

On entend les premiers sons de la lyre d'Anacréon.

J'entends Anacréon... Allons trouver Glycère ,
Unissons-nous pour mieux lui plaire.

Corine et Athanaïs sortent.

SCÈNE IV.

ANACRÉON, LES DEUX ESCLAVES.

ANACRÉON , *la lyre à la main.*

Quel spectacle enchanteur !
Quelle douce magnificence !
Cette suave odeur
Pénètre mes sens et mon cœur ,
Et rafraîchit mon existence.

Il s'approche , et pose sa lyre.

Je rencontre partout la grace et la beauté ,
Et cet aimable lieu que votre main décore ,
Par les dieux désormais devroit être habité ;
C'est le temple de Gnide ou le bosquet de Flore.

Avec inquiétude.

Je ne vois point Corine en ce séjour charmant ,
Depuis l'aurore , hélas ! privé de sa présence....

PREMIÈRE ESCLAVE.

Un soin cher à son cœur commandoit son absence.
Tu la verras dans un moment.

ANACRÉON.

Ce doux espoir calme ma peine ,

(11)
Et le trouble où je suis.
L'absence de Corine a causé mes ennuis,
Mon ame inquiète, incertaine...

PREMIÈRE ESCLAVE.

Eh ! quoi, le plus beau de tes jours
Seroit empoisonné par la sombre tristesse ?
Corine est à toi pour tonjours...

ANACRÉON.

Eh ! voilà le sujet du chagrin qui me presse.
Puis-je compter sur sa tendresse ?
Corine est une rose encor dans son printemps ;
Et moi je touche au déclin de mes ans.

Dans ma verte et belle jeunesse,
J'égalois le temps en vitesse.
Aujourd'hui mes pas sont pesans,
Mes cheveux dégarnis et blancs ,
Tout m'avertit de la vieillesse.

PREMIÈRE ESCLAVE.

Laissons fuir le rapide temps ,
Et sans songer à le poursuivre.
Sans penser à ceux qui vont suivre,
Jouissons des momens présens.

SECONDE ESCLAVE.

Dans les jeux de l'heureuse enfance,
Mêle-toi parmi les Acteurs.
Si tu vois une aimable danse ,
Qu'on te trouve avec les danseurs.

PREMIÈRE ESCLAVE.

De la nymphe la plus légère
Prends aussitôt la main.

A la beauté qui veut te plaire,
Souris alors d'un air malin.

SECONDE ESCLAVE.

Sois le héros de toute fête.

PREMIÈRE ESCLAVE.

Chante des vers pleins de douceur.

LES DEUX ESCLAVES.

Qu'on reconnoisse à leur chaleur,
Que si l'âge a blanchi ta tête,
Au moins il respecta ton cœur.

ANACRÉON.

Chantez, chantez, femmes charmantes,
Vos accents sont pleins de douceur.
Ah! chantez, vos voix séduisantes,
Portent l'ivresse dans mon cœur.

Ensemble.

Sachons, dès que le jour commence,
Le rendre heureux jusqu'à sa fin.
Si nous sentons quelque chagrin,
Opposons-lui douce espérance :
Ne songeons point au lendemain.
Lorsqu'on sait embellir la vie,
Doit-on craindre le temps jaloux ?
Faisons sonner autour de nous,
Tous les grelots de la Folie.

PREMIÈRE ESCLAVE.

Non, les tristes pensers ne sont pas faits pour toi.

SECONDE ESCLAVE.

Corine t'aime, te préfère.

PREMIÈRE ESCLAVE.

Ah ! calme un vain effroi,
Anacréon à tout âge doit plaire.

ANACRÉON, *reprenant toute sa gaieté*.

Apporte-moi ma coupe et du vin de Naxos,
Jeune fille.

(Il prend la coupe, et la première Esclave la remplit.)

Ce vin est le plus pur que l'on boive à Téos.
Dans la coupe il bouillonne, il écume, il pétille.
Dans un repas galant il excite au plaisir.
Enivre-t-il ; l'ennui ne suit point cette ivresse,
Il invite à l'amour la bouillante jeunesse ;
Il réchauffe aussi la vieillesse,
Et dans les cœurs glacés fait renaître un desir.

Il boit.

Il s'assied avec mollesse.

Sur mon front, avec abondance,
Répandez des parfums exquis.
Donnez à mon cothurne encor plus d'élégance ;
Qu'un air voluptueux règne dans mes habits.
Ah ! donne-moi ma lyre !
La charmante Erato m'inspire,
Je veux chanter Corine, et Bacchus et les Ris.

En s'accompagnant de la lyre.

Je n'ai besoin pour embellir ma vie,
De la puissance et des honneurs.
J'aime bien mieux femme jolie
Que l'or et les grandeurs,
Ah ! que ma tête fortunée,
De roses toujours couronnée,

Supporte les fruits de Bacchus !
Je ne veux rien de plus.

On commence à entendre un bruit d'orage. Les jeunes Esclaves alarmées écoutent.

PREMIÈRE ESCLAVE.

Un bruit sourd et lointain semble annoncer l'orage.

SECONDE ESCLAVE.

Le ciel troublé se couvre d'un nuage.

ANACRÉON.

Quel vent terrible, et quels fréquents éclairs !
La foudre gronde, elle embrâse les airs.

PREMIÈRE ESCLAVE.

Quel funeste présage ?
De nos plaisirs les dieux sont-ils jaloux ?

SECONDE ESCLAVE.

S'opposent-ils aux transports les plus doux ?

LES DEUX ESCLAVES.

L'orage redouble.

Faudroit-il renoncer à la plus belle fête ?

Avec terreur.

Ah ! l'orage va-t-il fondre sur notre tête ?

ANACRÉON.

Jeunes filles, calmez-vous.

CHŒUR DE FEMMES

Arrivant en tumulte et se réfugiant près d'Anacréon.

Anacréon, calme notre épouvante ;
L'orage éclate contre nous.
Les vents sont déchaînés, et la foudre effrayante
Semble annoncer des Dieux le terrible courroux.

ANACRÉON.

Jeunes filles, calmez-vous :
Ne livrez pas ainsi vos cœurs à l'épouvante.

Moment de calme pendant l'entrée de l'Amour.

SCÈNE V.

Les précédents, L'AMOUR.

L'AMOUR, *en dehors*, *frappant à la porte avec force.*

Ayez pitié d'un petit malheureux.

ANACRÉON.

Quelle est cette voix étrangère ? *Il ouvre.*
Un enfant !

L'AMOUR, *effrayé.*

Égaré dans des chemins affreux,
Mourant d'effroi… de faim… hélas ! que ma misère !…

Il se jette aux genoux d'Anacréon.

ANACRÉON, *le relevant.*

Pauvre enfant ! il me fait pitié.

L'AMOUR.

Tout entier j'ai souffert l'orage.

ANACRÉON.

Ah ! cher enfant, reprends courage,
Entre mes bras ne sois plus effrayé.
Petit ami, cesse tes larmes.

L'AMOUR, *pleurant à chaudes larmes.*

J'allois mourir.

ANACRÉON.

Tu ne souffriras plus.
Calme-toi. Quel air doux et quels traits pleins de charmes !
Mais pourquoi, par les champs, courir ainsi pieds nus ?

L'Amour.

Ah ! j'ai bien du chagrin.

Anacréon.

Si jeune avoir des peines !
Tu me conteras tout cela.
Réchauffe tes mains dans les miennes.

L'asseyant.

Es-tu bien comme te voilà ?

Chœur de Femmes.

Anacréon , calme notre épouvante ;

. . . .

L'Amour, *avec foiblesse.*

J'ai bien soif et bien faim…

Anacréon.

Ah ! malheureux enfant !
Prodiguons-lui bien vite un secours nécessaire.
Qu'il jouisse à l'instant d'un repos salutaire.

Première Esclave.

Dans sa douleur qu'il est intéressant !

Grands éclats de tonnerre.

Chœur.

Fuyons. . . .

Anacréon.

Calmez votre épouvante.

Il sort avec l'Amour et les deux Esclaves.

Chœur d'Esclaves des deux sexes.

Les Esclaves mâles arrivent en tumulte et effrayés.

L'orage éclate contre nous ,
Les vents sont déchaînés , et la foudre effrayante
Semble annoncer des dieux le terrible courroux.

Dernier coup de tonnerre. Tout le monde fuit.

Fin du premier Acte.

ACTE

ACTE II.

La Scène représente un pavillon au milieu d'un jardin, orné de peintures représentant des sujets relatifs à Bacchus et à l'Amour. Il est décoré de guirlandes de fleurs et de meubles grecs. Au fond est une statue de la Sagesse. Sur le devant est celle de l'Amour.

SCÈNE PREMIÈRE.

ANACRÉON, L'AMOUR.

ANACRÉON, *ramenant l'Amour.*

Eh bien ! tes chagrins sont finis,
Nous voilà seuls. Dis-moi donc par quelle aventure,
Au milieu de la nuit obscure,
L'orage t'a surpris.
Pourquoi pleurer ? Allons, je ne veux rien apprendre ;
Un autre jour tu me conteras tout.

L'AMOUR.

Vous avez le cœur tendre,
Vous me plaignez...

ANACRÉON.

Ah ! je te plains beaucoup.

L'AMOUR.

Ecoutez bien.

ANACRÉON.

Je suis prêt à t'entendre.

C

L'Amour.

Mon père est vieux , jaloux , méchant.
Ma mère est douce et bien jolie.
Elle aimoit un guerrier charmant ,
Qui n'aimoit qu'elle à la folie.
    Le soir , en tapinois ,
Loin de mon père , et bien près d'elle ,
Il se glissoit ; et chaque fois
On me mettoit en sentinelle.

« A mon poste toute la nuit ,
» Je faisois bonne contenance.
» L'oreille au guêt , au moindre bruit ,
» J'avertissois en diligence.
    » Alors en tapinois ,
» Loin d'un père jaloux , loin d'elle ,
» Il se glissoit : et chaque fois
» Il relevoit la sentinelle ».

Toutes les nuits et sans pitié ,
L'on me mettoit en exercice.
Très-souvent le jour oublié ,
Il falloit doubler mon service.
    Un soir , en tapinois ,
Malgré mes soins , et tout mon zèle ,
Mon père vint : et cette fois ,
Mit en défaut la sentinelle.

Depuis ce jour on me bouda ,
Ma mère étoit inexorable ,
Mon père en fureur me gronda ;
Je me trouvois bien misérable.
    Un soir , en tapinois ,
Loin d'une mère si cruelle ,
Je m'échappai : qu'une autre fois
Fasse qui voudra sentinelle.

Il se jette dans les bras d'Anacréon pour cacher ses larmes et ses sanglots.

SCÈNE II.

Les précédents, PREMIÈRE ESCLAVE.

PREMIÈRE ESCLAVE, *annonçant.*

Voici Corine et la jeune Glycère.
Bathille est avec elle.

ANACRÉON.

Emmène cet enfant ;

En souriant.

Il a bien du chagrin... Tâche de le distraire.

A l'Amour.

Cher ami, plus de pleurs... Sois joyeux et content.

L'Esclave emmène l'enfant. Corine, etc.... entrent par un côté opposé.

SCÈNE III.

CORINE, ANACRÉON, BATHILLE, GLYCÈRE.

ANACRÉON, *allant au-devant de ses amis.*

Ah ! je vous accusois déjà de négligence,
Amis ; et tous mes vœux impatiens....

GLYCÈRE.

Bathille a seul prolongé notre absence.

BATHILLE.

Oublions tous mes torts en de si doux momens.

ANACRÉON.

Quelle est heureuse la jeunesse !
Elle peut sans regrets échapper au desir ,
Le lendemain , dans un torrent d'ivresse ,
Elle sait réparer la perte d'un plaisir.
Mais , nous , qu'assiège la vieillesse ,
Avons-nous le temps de choisir ?
De mille fleurs jadis je chargeois ma corbeille ,
Comme vous , je laissois , sous mes doigts paresseux ,
Echapper ou l'œillet , ou la rose vermeille ,
J'étois toujours assez heureux.
Maintenant je suis plus avare ,
En tous lieux , je poursuis , j'appelle le plaisir ,
Et si des fleurs qu'il porte une seule s'égare ,
Je la vois.... je suis-là... tout prêt à la saisir.

GLYCÈRE.

N'as-tu donc pas Corine ?

BATHILLE.

Et Corine t'adore.

ANACRÉON , *à Corine , avec transport.*

O le plus beau présent que je reçus des Dieux !

CORINE.

Tout mon cœur est à toi , peux-tu te plaindre encore ?
C'est moi qui dois te rendre heureux.
J'unis mon sort au tien pour embellir ma vie ;
Pour charger de plaisirs la trame de tes jours ;
Et ce soin précieux que ma tendresse envie ,
Je l'espère , à moi seule appartiendra toujours.

SCÈNE IV.

Les précédents, L'AMOUR, LES DEUX ESCLAVES, *poursuivant l'Amour,*
qui se sauve dans les bras de Corine.

PREMIÈRE ESCLAVE.

Anacréon, cet enfant intraitable,
Se croit ici maître de tout.
Avec son petit air aimable,
Il déchire nos fleurs, nos voiles… et partout
Fait un vacarme épouvantable.

L'AMOUR, *tenant encore des rubans et des fleurs.*

Pour des baisers, suis-je donc si coupable ?
Pour des rubans, faut-il autant de bruit ?
Sois moins jolie, et je serai plus sage.

PREMIÈRE ESCLAVE.

L'air repentant est peint sur son visage,
Et son rire moqueur dément tout ce qu'il dit.

Les deux Esclaves sortent.

SCÈNE V.

L'AMOUR, CORINE, ANACRÉON, BATHILLE, GLYCÈRE.

BATHILLE, *à l'Amour.*

L'aimable enfant !

CORINE.

La charmante figure ! *Elle l'embrasse.*

GLYCÈRE.

Je veux aussi l'embrasser à mon tour.

ANACRÉON, *à l'Amour.*

M'aimes-tu bien?

L'AMOUR.

Oh! oui, je te l'assure.

ANACRÉON.

Dès demain, à l'aube du jour,
Nous retournerons chez ta mère.

L'AMOUR.

Tu veux donc que dans sa colère
Elle me tue.

ANACRÉON.

Oh! nous l'appaiserons.

L'AMOUR, *pleurant.*

J'aime mieux mourir tout de suite ;
Mon père est si méchant!

ANACRÉON.

Mais nous le calmerons.

L'AMOUR.

Pourquoi me renvoyer si vite ?

CORINE, *cherchant à le consoler.*

Console-toi : tu ne partiras pas.
Anacréon te servira de père ;
Je t'aimerai plus encor que ta mère,
Ne te chagrine plus.

(23)

A N A C R É O N.

Chère Corine, hélas!
Peins-toi de ses parens la douleur trop amère.
La perte de leur fils peut les mettre au tombeau.

C O R I N E.

Regarde comme il pleure !

A N A C R É O N.

Ah ! Corine, il le faut.
Devons-nous balancer l'intérêt d'une mère ?
Et d'un enfant écouter la prière ?

L'A m o u r, *avec humeur.*

Ne repoussez pas un enfant,
Lorsqu'il prie et verse des larmes.
Un jour il peut trouver des armes,
Qui le vengeront d'un méchant :
On n'est pas toujours un enfant.

« N'as-tu pas aussi bien souvent
» Prié, pleuré dans ton jeune âge?
» Des méchans et de leur outrage,
» Tu te vengerois à présent :
» Crains donc d'irriter un enfant. »

Du dieu qui dans un cœur brûlant,
Porte le plaisir ou la peine ;
Du Dieu dont tu reçus ta chaîne,
Ne crains-tu pas le châtiment ?
Ainsi que moi, c'est un enfant.

Ne repoussez pas un enfant,
Lorsqu'il prie et verse des larmes.
Un jour il peut trouver des armes,
Qui le vengeront d'un méchant :
On n'est pas toujours un enfant.

CORINE.

Quel trouble a passé dans mon ame !

ANACRÉON.

De quel transport j'éprouve la douceur !

A l'Amour.

Oh ! cher enfant, ne crains plus ma rigueur.
L'Amour, d'un rayon de sa flamme,
A pénétré ton esprit et mon cœur.
Corine, que je sens d'ivresse !
Qu'avec délices je te presse !

A l'Amour.

Qu'à jamais ta présence embellisse ces lieux !

BATHILLE, GLYCÈRE.

Ensemble, avec trouble.

Je n'ai jamais brûlé de tant de feux.

ANACRÉON.

Ah ! je tombe aux genoux de celle que j'adore,
Un désordre inconnu me trouble et me dévore.
Ah ! Corine !

BATHILLE.

Ah ! Glycère !

CORINE, GLYCÈRE, *à la statue de l'Amour.*

O triomphe d'Amour !

TOUS LES QUATRE.

Chantons l'Hymne sacré, rendons grace à l'Amour.

De nos cœurs purs et sans détour,
Reçois, ô Dieu ! les plus douces pensées.
De nos ames de feux à ton trône élancées,
Tous les transports sont d'ivresse et d'amour.

ANACRÉON

ANACRÉON *à Corine.*

N'aimer que toi , te le dire sans cesse ,
Et de toi seule espérer le bonheur :
Toujours par toi ressentir douce ivresse ,
Mourir pour toi d'amour et de langueur.

L'AMOUR, *à part.*

« Ah ! mon pauvre camarade ,
Sortiras-tu de ce combat ?
Mon arc est en bon état ,
Mais ton cœur est bien malade. »

De nos cœurs purs et sans détour ,
Reçois , ô Dieu ! les plus douces pensées.
De nos ames de feux à ton trône élancées ,
Tous les transports sont d'ivresse et d'amour.

ANACRÉON *à Corine.*

Toujours mon luth célébrera ta grâce ,
Ton œil charmant, ton sourire amoureux ;
Ton doux éclat qu'aucune fleur n'efface ,
Et de ta voix les sons mélodieux.

L'AMOUR, *à part.*

« Ah ! mon pauvre camarade ,
Sortiras-tu de ce combat ;
Mon arc est en bon état ,
Mais ton cœur est bien malade. »

ENSEMBLE.

De nos cœurs purs et sans détour ,
Reçois , ô Dieu ! les plus douces pensées.
De nos ames de feux à ton trône élancées ,
Tous les transports sont d'ivresse et d'amour.

SCÈNE VI.

Les précédents, LES DEUX ESCLAVES.

On entre la table et les lits sur lesquels les convives s'asseyent.

PREMIÈRE ESCLAVE.

Anacréon, la table est prête.

ANACRÉON.

Allons , mes chers amis ,

D

Nommons le héros de la fête ,
Et chantons à Bacchus nos hymnes favoris.

ENSEMBLE.

Qu'Anacréon soit le roi de la fête ,
Chantons Bacchus et l'Amour, et les Ris !

Avant de se mettre à table , des jeunes filles apportent à chacun des convives de quoi laver ses mains. On couvre Anacréon d'une couronne de fleurs. Les convives la portent au bras.

ANACRÉON.

Anacréon debout au milieu de la table , tient la coupe. La première Esclave la remplit ; la seconde y jette des feuilles de rose.

Honneurs au Dieu de la vendange !
Au héros de l'Indus, honneurs !
Ici , qu'autour de moi se range ,
Le cercle aimable des buveurs.
Célébrons ses nobles conquêtes ,
Chantons la nymphe de Naxos ,
Erigone surprise , et ses aimables fêtes.
Bacchus planta la vigne , honneur soit au héros !
Bacchus , reçois ce vin pur à longs flots.

Il fait libation sur un brasier qui se trouve au milieu de la table , et verse le reste de sa coupe dans celle de chacun des convives.

A la première Esclave.

Remplis , esclave intéressante ,
Ma coupe une seconde fois.

A la première Esclave.

Exprime encor entre tes doigts ,
Le doux nectar de la rose odorante.

BATHILLE *se lève.*

Buvons au doux fils de Vénus.
Amis , buvons aux Grâces.

(27)

Le présent fuit, pressons-nous sur ses traces,
Et jouissons encor du plaisir qui n'est plus.

ANACRÉON.

Mais, gardons-nous des funestes orgies.
Ne nous livrons qu'à de nobles folies.

TOUS.

Chantons en chœur l'hymne à Bacchus.

CHŒUR.

Honneurs au Dieu de la vendange !
Au héros de l'Indus honneurs !
Ici, qu'autour de moi se range,
Le cercle aimable des buveurs.

Une troupe de chanteurs, danseurs et joueurs d'instrumens entre en désordre : Athanais est à leur tête ; de jeunes filles portent, en dansant, des fleurs à Anacréon, pendant que le chœur dit.

CHŒUR *bruyant.*

Parons nos fronts de fleurs brillantes,
Bacchus nous guide en ce séjour ;
Accourez donc, filles charmantes,
Fêter le chantre de l'Amour.

ANACRÉON *s'accompagnant de la lyre.*

Dansez, dansez, Nymphes légères,
Livrez-vous à d'aimables jeux.
Devenez tour-à-tour bacchantes ou bergères,
Que tous vos pas soient amoureux.
Folâtrez, brillante jeunesse ;
Vos plaisirs, vos transports me rendent plus heureux.
Inspirez-moi la plus pure allégresse,
Soyez, soyez toujours charmantes à mes yeux.

CORINE.

Que tous vos jeux respirent la tendresse.

GLYCÈRE.

Livrez vos cœurs à la plus douce ivresse.

TOUS TROIS.

Soyez, soyez toujours charmantes à ses yeux.

mes

ANACRÉON à *Athanaïs qui danse.*

Athanaïs, quel pas voluptueux !
Que de souplesse, que de graces !
Ah ! si tu veux que je suive tes traces,
Comme un éclair ne fuis point à mes yeux.
Dansez, dansez, Nymphes légères,
Livrez-vous à d'aimables jeux.
Devenez tour-à-tour bacchantes ou bergères,
Que tous vos pas soient amoureux.
Folâtrez, brillante jeunesse ;
Vos plaisirs, vos transports me rendent plus heureux.

On entend un son de trompe qui étonnne tout le monde, et interrompt la fête.

SCÈNE VII.

Les précédents, PREMIÈRE ESCLAVE.

PREMIÈRE ESCLAVE, *accourant.*

C'est un message de Cythère.

Elle remet un papier à Anacréon.

Tout le monde est étonné. On entoure Anacréon ; l'Amour se tapit dans un coin sur le devant de la scène.

ANACRÉON.

Lisons : « Vénus ayant perdu son fils,
» Le redemande à la nature entière.
» De qui rendra cet enfant à sa mère,

Tous les regards se portent sur l'Amour.

» Tous les vœux seront accomplis.

» Vénus promet la faveur la plus chère.

» On peut le connoître à ces traits. »

Corine s'approche de l'Amour, et l'observe avec soin.

CHŒUR.

Observons bien.

ANACRÉON.

« Sa bouche a l'éclat de la rose,

» Plus que le lys son teint est frais.

» De malice et candeur son regard se compose.

» Défiez-vous de ce regard trompeur :

» Craignez surtout sa main cruelle ;

» Il cache à tous les yeux une flèche mortelle,

» Dont il est toujours prêt à déchirer un cœur.

L'Amour est sur le point de se servir de cette flèche, lorsque Corine s'en saisit.

» Défendez-vous de son sourire.

Il sourit.

» Et sans pitié,

» Qu'il pleure ou qu'il soupire,

On l'enchaîne.

» Amenez-le moi bien lié.

Il caresse Corine.

» Redoutez ses baisers et son tendre langage. »

CHŒUR.

C'est lui.

ANACRÉON.

« Cette douceur cacheroit un détour.

» Si de vos fers il se dégage,
» Vous deviendrez esclave à votre tour. »

CHŒUR.

C'eſt lui , c'est lui.

ANACRÉON.

« Le nom de l'enfant est l'Amour. »

CHŒUR, *en le montrant.*

C'est l'Amour.

L'AMOUR, *à genoux.*

A Anacréon.

Ah ! sois touché de mes alarmes.
Corine , laisse-toi fléchir.

Au Chœur.

Voyez ma douleur et mes larmes ;
Hélas ! laissez-vous attendrir.

CHŒUR.

Gardons-nous de le plaindre ;
Nous pourrions être à plaindre un jour.
Chacun de nous sait qu'il faut craindre
Jusqu'aux caresses de l'Amour.

L'AMOUR.

Méchants , qui me chargez de chaînes,
Jamais je n'ai tant fait souffrir.
Si l'amour cause quelques peines ,
Même en souffrant, on n'en veut pas guérir.

Tout le monde est ému.

CHŒUR GÉNÉRAL.	L'AMOUR.
Ses yeux sont noyés dans les larmes ,	Ah ! sois touché de mes alarmes ,
Ses chaines le font trop souffrir.	Corine , laisse-toi fléchir.
Je cède enfin à tant de charmes ,	Voyez ma douleur et mes larmes ;
Et mon cœur se laisse attendrir.	Hélas ! laissez-vous attendrir.

Anacréon va pour détacher l'Amour. Il sourit malignement.

PREMIÈRE ESCLAVE.

Voyez-vous sa maligne joie,
Le traître espère enfin tenir sa proie.

Elle saisit l'Amour, resserre ses liens, et l'attache au pied de la statue de la Sagesse.

Point de pitié pour ce petit fripon,
Et le voilà réduit à la raison.

Vénus descend sur son char, entourée des Amours portant des flambeaux.

SCÈNE VIII, et dernière.

Les précédents, VÉNUS.

ANACRÉON, *avec transport.*

Dieux! c'est la reine d'Idalie,
Qui d'un mortel visite le séjour.
Ah! quel triomphe, au déclin de ma vie!

VÉNUS, *sans descendre du char.*

Anacréon, chez toi je viens chercher l'Amour.
Tes chants, en s'élevant jusqu'au céleste empire,
M'ont appris que l'Amour seul accordoit ta lyre;
Corine est près de toi... J'y dois trouver l'Amour.

Corine va pour détacher l'Amour, et le remettre dans les bras de Vénus; l'enfant est enlevé par un nuage qui le porte dans le char de sa mère.

Mon fils est par tes soins dans les bras de sa mère.
Richesse, honneurs, j'ai tout promis;
Quels sont les vœux que ton cœur a pu faire?
Parle : ils seront tous accomplis.

A N A C R É O N.

Ainsi que j'ai vécu puisse finir ma vie.
Que Bacchus la partage avec tous les Amours ;
Surtout conserve-moi Corine pour amie.

L'A m o u r, *debout près sa mère.*

A Anacréon.

Oui, pour jamais, Corine à ton sort est unie.
Au milieu des plaisirs tu finiras tes jours,
Dans l'avenir ton nom vivra toujours.

Aux jeunes Esclaves.

Et vous, à la raison qui vouliez me réduire,
Vous aimerez... Voilà le châtiment
Que je réserve à ceux qui bravent mon empire.
Vous connoîtrez, au trouble que j'inspire,
Qu'on n'est pas toujours un enfant.

C h œ u r G é n é r a l.

Chantons la Déesse des Graces.
Amour, préside à nos transports.
Que le plaisir, suivant nos traces,
Nous inspire d'heureux accords.

F I N.

DE L'IMPRIMERIE DE STOUPE, RUE DE LA HARPE, AN XI.